A ESTRADA DA VIDA

A Estrada da Vida

O vidente

aldivan teixeira torres

CONTENTS

1- 1

1

A Estrada da Vida
O Vidente

A Estrada da Vida

Por: Vidente
©2020- Vidente
Todos os direitos reservados.
Série: Cultivando a Sabedoria

Este livro, incluindo todas as suas partes, é protegido por Copyright e não pode ser reproduzido sem a permissão do autor, revendido ou transferido.

O VIDENTE é um escritor consolidado em vários gêneros. Até agora, os títulos foram publicados em dezenas de idiomas. Desde tenra idade, ele sempre foi um amante da arte de escrever, tendo consolidado uma carreira profissional a partir do segundo semestre de 2013. Ele espera, com seus escritos, contribuir para a cultura internacional, despertando o prazer de ler naqueles que não têm o hábito. Sua missão é conquistar o coração de cada um de seus leitores. Além da literatura, suas principais diversões são música, viagens, amigos, família e o prazer da própria vida. "Pela literatura, igualdade, fraternidade, justiça, dignidade e honra do ser humano sempre" é o seu lema

O caminho

Ande com os bons e terá sossego. Ande com os maus e terá infelicidade. Diga-me com quem andas e te direi quem és. Esse sábio ditado revela o quanto é importante ser seletivo nas amizades. Entretanto, creio que tudo seja um aprendizado. É preciso errar para poder aprender ou é preciso experimentar para saber que gosta. A experiência é um fator primordial para evolução do ser humano já que somos seres errantes submetidos a uma realidade de expiação e provas.

Saber ser crítico

Somos seres em constante evolução. É normal criticar-se e querer sempre melhorar seu desempenho em suas atividades cotidianas. Mas não exija demais de si mesmo. O tempo ensina e amadurece suas ideias. Divida suas tarefas de tal forma que tenha um suficiente lazer. Mente assoberbada nada produz de conveniente. Há o tempo de planta e de colheita.

É preciso empatia e controle. Se seu companheiro errar, dê um bom conselho, mas não o recrimine. Lembre-se que não podemos julgar o outro, pois também somos seres imperfeitos e falhos. Seria um cego guiando outro cego o que não geraria frutos. Reflita, planeja e concretize. São os pilares necessários para o sucesso.

Se você for chefa, exija de seus subordinados competências, mas também seja compreensivo e humano. Um ambiente de trabalho carregado de vibrações pesadas e negativas só atrapalha nosso desenvolvimento. É preciso cooperação, entrega, trabalho, determinação, planejamento, controle e tolerância no ambiente de trabalho. Isso se chama democratização laboral, 'item' essencial na condução de negócios visto que nossa sociedade é plural e multifacetada. O ambiente deve ser, pois, um local de inclusão social.

Grandes empresas que lutam por inclusão e sustentabilidade são admiradas pelos clientes e consumidores. Isso gera uma imagem altamente positiva dentro e fora da organização. Além desta, valores de união, assiduidade, dignidade e honradez contribuem para a perpetuidade do negócio. Neste caso, recomendo reuniões pontuais com profissionais altamente qualificados como: psicólogo, técnico em relações humanas, administradores, gestores de sucesso, escritores, profissionais de saúde entre outros.

Mestres da vida

Estamos numa grande missão diante duma multidão totalmente desigual. Uns têm mais conhecimento e outro menos conhecimento. Entretanto, cada um de nós pode ensinar ou aprender. A sabedoria não é medida por sua idade nem sua condição social, é um dom divino. Então podemos encontrar um mendigo que seja mais sábio do que um empresário bem-sucedido. Ela não é medida pelo poder financeiro, mas por uma construção de valores que nos torna mais humanos. O sucesso ou insucesso é apenas consequência de nossos atos.

Nossos primeiros mestres são nossos pais. Então é verdadeiro que nossa família é nossa base de valores. Depois temos contato com a sociedade e na escola. Tudo isso reflete em nossa personalidade. Conquanto, sempre temos o poder da escolha. Chamado de livre arbítrio, é a condição de liberdade de todos os seres e deve ser respeitada. Sou livre para escolher o meu caminho, mas também tenho que arcar com as consequências. Lembre-se que só colhemos o que plantamos. Por isso que se diz árvore boa é aquela que dá bons frutos.

Nascemos com predisposição para o bem, mas muitas vezes o ambiente nos traz malefícios. Uma criança em estado de repressão e miséria não se desenvolve da mesma forma que uma criança abastada. Isso se chama desigualdade social, onde poucas pessoas têm muito dinheiro e muitas pessoas são pobres. A desigualdade é o grande mal do mundo. É uma grande injustiça que traz sofrimentos e prejuízos para a parcela da população menos favorecida. Penso que precisamos de mais políticas de inclusão social. Precisamos de emprego, renda e oportunidades. Acho a caridade um ato muito bonito de amor, mas julgo ser humilhante viver só disso. Precisamos de trabalho e de condições dignas de sobrevivência. Necessitamos ter esperança de dias melhores. Como é bom comprar coisas com nosso próprio trabalho e não ser discriminado. Precisamos ter oportunidade de todos, sem nenhuma categoria de discriminação. Precisamos de emprego para negros, indígenas, mulheres, homossexuais, transexuais, enfim, para todos.

Penso que a saída para um novo modelo de sustentabilidade seria o trabalho conjunto da elite com o governo. Menos impostos, mais incentivos financeiros, menos burocracia ajudariam a diminuir a desigualdade. Por que uma pessoa precisa de bilhões em sua conta bancária? Isso é totalmente desnecessário mesmo que seja fruto de seu trabalho. Precisamos taxar as grandes fortunas. Precisamos também cobrar as dívidas trabalhistas e Fiscais das grandes empresas para gerar dividendos. Por que privilegiar a classe rica? Todos somos cidadãos com direitos e deveres. Somos iguais perante a lei, mas, na verdade, somos desiguais.

Lei do retorno
UM TEMPO DE ANGÚSTIA

Quando sobrevier um tempo de angústia e parecer que todos os injustos estão prosperando, fique tranquilo. Mais cedo ou mais tarde, eles cairão e o justo vencerá. Os caminhos de Javé são desconhecidos, mas são retos e sábios, em nenhum momento ele vos abandonará embora o mundo vos condene. Ele faz assim para que seu nome se perpetue de geração para geração.

A RELAÇÃO PLANTA-COLHEITA.

Tudo o que vós fizerdes na terra em prol do seu semelhante está sendo escrito no livro da vida. Cada conselho, doação, desprendimento, ajuda financeira, palavras amáveis, elogios, cooperação em obras beneficentes entre outros é um passo para a prosperidade e felicidade. Não pense que ajudando o outro o maior bem é para o assistido. Ao contrário, sua alma é a mais beneficiada pelos seus atos e poderá galgar voos mais altos. Tenha a consciência em si de que nada é de graça, o bem que colhemos hoje plantamos no passado. Por acaso, você já viu uma casa sustentar-se sem alicerce? Assim também acontece com cada uma de nossas ações.

DAR OU NÃO DAR A ESMOLA?

Vivemos num mundo de cruel e cheio de estelionatários. É comum muitas pessoas com boas condições financeiras pedirem esmolas de modo a enricar, um disfarçado ato de roubo que suga o já minguado salário dos trabalhadores. Diante desta situação corriqueira, muitos se negam a ajudar diante dum pedido de esmola. Esta é a melhor opção?

O melhor é analisar caso a caso, sentir a intenção da pessoa. Existem inúmeros flagelados na rua, não tem como ajudar todo mundo, isso é verdade. Porém, quando seu coração permitir, ajude. Mesmo que seja uma fraude, o pecado ficará na intenção da outra pessoa. Você já fez sua parte, contribuiu para um mundo menos desigual e mais humano. Parabéns para ti.

O ATO DE ENSINAR E APRENDER.

Estamos num mundo de expiação e de provas, um mundo em constante mudança. De modo a adaptar-se a este meio, encontramo-nos num processo rico de ensino-aprendizagem que se reflete em todos os ambientes. Aproveite esta oportunidade, absorva as coisas boas e negue as ruins para que sua alma consiga evoluir no caminho em direção ao pai.

Seja sempre grato. Agradeça a Deus por sua família, amigos, companheiros de jornada, mestres da vida e por todos aqueles que acreditam em você. Retribua ao universo um pouco de sua felicidade sendo um apóstolo do bem. Vale muito a pena.

COMO AGIR DIANTE DUMA TRAIÇÃO.

Tenha cuidado com as pessoas, não confie tão fácil. Os falsos amigos não pensarão duas vezes e entregarão seu segredo diante de todos. Quando isso ocorrer, o melhor a fazer é afastar-se e colocar as coisas em seus devidos lugares. Se você puder e for evoluído o bastante, perdoe. O perdão libertará sua alma do rancor e então você estará pronto para novas experiências. Perdoar não quer dizer esquecer, pois, uma vez quebrada a confiança não volta mais.

Tenha em mente a lei do retorno que é a lei mais justa de todas. Tudo o que fizeres de mal ao outro retornará com juros para que pagues. Então não se preocupes com o mal que te fizeram, ore por seus inimigos e Deus agirá com justiça dando o que cada um merece.

AMOR GERA MAIS AMOR

Bendito seja quem experimentou o amor ou a paixão. É o sentimento mais sublime que existe que compreende doação, renúncia, entrega, compreensão, tolerância e desapego do material. Contudo, nem sempre temos um sentimento correspondido pela pessoa amada e é quando ocorre a dor e o desalento. Existe um tempo necessário para o pesar e respeite este período. Quando sentir-se melhor, siga e não se arrependa de nada. Você amou e, como recompensa, Deus mostrará um caminho para a outra pessoa, que ela siga seu rumo também em frente. Existe uma grande probabilidade de ela ser rejeitada por outrem para pagar o sofrimento causado. Reinicia-se assim um círculo vicioso, onde nunca temos a quem amamos de verdade.

AJA EM FAVOR DOS POBRES, DOS EXCLUÍDOS E DOS SUBORDINADOS.

Procure auxiliar os moradores de rua, os órfãos, as prostitutas, os abandonados e os mal-amados. Sua recompensa será grande, pois estes não podem retribuir a sua boa vontade.

Numa empresa, escola, família e na sociedade em geral trate todos com igualdade independente de sua classe social, religião, etnia, opção sexual, hierarquia ou qualquer especificidade. A tolerância é uma grande virtude para que tenhas acesso às mais altas cortes celestes.

RECADO FINAL

Bem, era este o recado que eu queria dar. Espero que estas poucas linhas iluminem vosso coração e façam de ti uma pessoa melhor. Lembre-se: sempre é tempo de mudar e de fazer o bem. Junte-se a nós nesta corrente do bem para um mundo melhor. Até o próximo conto.

O caminho do bem-estar.

O CAMINHO

O ser humano em toda sua consciência tem duas dimensões a serem observadas: A forma pela qual ele se vê e a maneira pelo, qual é visto pela sociedade. O maior erro é que ele pode cometer é tentar adequar-se a um padrão de sociedade como o nosso. Vivemos num mundo em sua maioria preconceituoso, desigual, tirano, cruel, maldoso, cheio de traições, falsidade e ilusões materiais. Absorver os bons ensinamentos e ser autêntico é a melhor saída para sentir-se em paz consigo mesmo.

Aprender e conhecer-se melhor, basear-se em bons valores, gostar de si próprio e do próximo, valorizar a família e praticar a caridade são caminhos para encontrar o sucesso e a felicidade. Nesta trajetória haverão quedas, vitórias, tristezas, felicidades, momentos de lazer, guerra e paz. O importante em tudo isso é manter-se com fé em si mesmo e numa força maior seja lá qual for sua crença.

É essencial deixar todas as lembranças ruins para trás e seguir sua vida em frente. Tenha a certeza que Javé Deus prepara boas surpresas em que você sentirá o verdadeiro prazer de viver. Tenha otimismo e perseverança.

OS CAMINHOS PARA DEUS

Sou o filho do pai, aquele que veio para ajudar esta dimensão numa evolução realmente consistente. Aqui quando cheguei, encontrei uma humanidade totalmente bagunçada e desviada do objetivo principal do meu pai ao criá-la. Atualmente, o que vemos preponderantemente são pessoas mesquinhas, egoístas, descrentes de Deus, competitivas, gananciosas e invejosas. Tenho pena destas pessoas e tento ajudá-las o melhor possível. Posso mostrar através do meu exemplo as qualidades que meu pai realmente deseja que cultuem: solidariedade, compreensão, cooperação, igualdade, fraternidade, companhia, misericórdia, justiça, fé, garra, persistência, esperança, dignidade e primeiro amor entre os seres.

Outro grande problema é o orgulho humano em fazer parte de um grupo ou classe mais favorecida. Em verdade vos digo que isto não é galardão diante de Deus. Sou vos diz que está com braços e coração aberto para receber seus filhos independente de sua raça, cor, religião, classe social, orientação sexual, partido político, região ou qualquer especificidade. Todos são iguais em matéria perante o pai. Porém, alguns são mais benquistos pelas suas obras e alma agradável.

O tempo corre rápido. Portanto, não perca a oportunidade de colaborar para um universo melhor e mais justo. Socorra os aflitos, os doentes, os pobres, os amigos, os inimigos, os conhecidos, os desconhecidos, os familiares, os estranhos, os homens e as mulheres, crianças, jovens ou idosos, enfim, ajude sem esperar retribuição. Grande será vossa recompensa diante do pai.

OS BONS MESTRES E APRENDIZES

Estamos num mundo de expiação e de provas. Somos seres interdependentes e carentes de afeto, amor, recursos materiais e atenção. Cada um ao longo da vida vai adquirindo experiência e transmitindo algo de bom para os mais próximos. Esta troca mútua é importantíssima para se chegar a um estado de paz e felicidade plenas. Compreender a si mesmo, entender a dor do outro, agir em nome da justiça, transformar conceitos e experimentar a liberdade que o conhecimento proporciona é impagável. É um bem que ninguém pode roubar de você.

Durante a minha vida tive grandes mestres: meu pai espiritual e carnal, minha mãe com sua doçura, os professores, os amigos, família em geral, conhecidos, companheiros de trabalho, a guardiã, Angel, O hindu, a sacerdotisa, Renato (meu parceiro de aventuras), Phillipe Andrews (Um homem marcado por uma tragédia), tantos outros personagens que com sua personalidade marcaram minha história. No revés da história, fui mentor de meus sobrinhos e da humanidade inteira através dos meus livros. Cumpri bem os dois papéis e estou em busca da minha própria identidade. A chave da questão é deixar uma semente boa, pois como disse Jesus: os justos brilharão como o sol no reino de seu pai.

BOAS PRÁTICAS PARA MANTER-SE SÓBRIO.

Existem diversas formas de ver o mundo e de habituar-se a ele. No meu caso em particular, consegui manter a estabilidade depois de um longo de tempo de preparação espiritual interna. A partir da minha vivência, posso dar dicas de como orientar-se diante das inconstâncias da vida: não beber bebida alcoólica, não fumar, não usar nenhuma droga, trabalhar, ocupar-se com atividade prazerosas, sair com amigos, passear, viajar em boa companhia, comer e vestir bem, entrar em contato com a natureza, fuja da correria e da animação, descanse sua mente, escute música, leia livros, cumpra as obrigações domésticas, seja fiel aos seus valores e crenças, respeite os mais velhos, cuide da instrução dos mais novos, seja piedoso, compreensivo e tolerante, reúna-se ao seu grupo espiritual, ore, tenha fé e não temas. De alguma forma o destino abrirá as boas portas para você e então encontrará seu caminho. Muita sorte é o que desejo para todos.

O VALOR ATRAVÉS DO EXEMPLO

O homem é refletido através de suas obras. Este sábio ditado demonstra exatamente a forma como devemos agir para alcançarmos a bem-aventurança. De nada adianta ao homem ter valores consolidados se não os coloca em prática. Mais do que boas intenções precisamos de atitudes consolidadas para que o mundo então seja transformado.

O SENTIR-SE NO UNIVERSO.

Aprenda a conhecer-se, a dar mais valor a si mesmo e cooperar para o bem do próximo. Muito dos nossos problemas tem origem em nossos próprios medos e deficiências. Conhecendo nossas fraquezas, podemos consertá-los e planejar no futuro melhorar como ser humano.

Siga sua ética sem se esquecer do direito de quem está ao seu lado. Seja sempre imparcial, justo e generoso. Da maneira como você tratar o mundo terá como retribuição o sucesso, a paz e a tranquilidade. Não seja exigente demais consigo mesmo. Tente aproveitar cada momento da vida na perspectiva de aprendizado. Numa próxima vez, saberás exatamente de que forma agir.

O SENTIR-SE DIVINO.

Nada é por acaso e cada coisa que existe no universo tem sua importância. Sinta-se feliz pelo dom da vida, pela oportunidade de respirar, caminhar, trabalhar, ver, abraçar, beijar e dar amor. Ninguém é uma peça isolada, somos parte da engrenagem do universo. Tente fazer exercícios simples de conexão mental. Nos momentos de folga, dirija-se ao seu quarto, sente-se em sua cama, feche os olhos e reflita sobre si mesmo e sobre o universo em si. Enquanto relaxar, seus problemas ficarão para trás e perceberá a aproximação com o elo divino. Tente focar na solução dos problemas. Esta luz lhe traz a esperança de que é possível mudar, apagar os erros do passado, perdoar-se e fazer as pazes com os inimigos tornando-os amigos. Esqueça as brigas, o ressentimento, o medo e as dúvidas. Tudo isto só faz lhe atrapalhar. Somos mais ativos quando entendemos o lado do outro e conseguimos seguir. Agradeça que está com saúde e que ainda tem tempo para resolver as pendências.

Somos filhos do pai, fomos criados para ajudar o planeta a evoluir e também sermos felizes. Sim, nós podemos ter tudo se formos merecedores de tal. Alguns são felizes sozinhos, outros ao lado de um companheiro (a), outros ao engajar-se numa religião ou credo e outros ao ajudar o próximo.

Felicidade é relativo. Nunca se esqueça também que haverá dias de desespero e de escuridão e que é neste instante que sua fé deve se mostrar mais presente. Diante da dor, achar uma saída é às vezes é bem complicado. Contudo, temos um Deus que nunca nos abandona mesmo que os outros façam isso. Converse com ele e então compreenderá melhor as coisas.

MUDANDO A ROTINA

O mundo atual tornou-se uma grande corrida contra o tempo pela própria sobrevivência. Não raro passamos mais tempo no trabalho do que com a própria família. Isto nem sempre é saudável, mas torna-se necessário. Aproveite os dias de folga para mudar um pouco sua rotina. Saia com amigos, esposo (a), vá a parques, teatros, escale serras, vá nadar no rio ou no mar, vá visitar parentes, vá ao cinema, ao estádio de futebol, leia livros, assista TV, navegue na 'internet' e faça novas amizades. Precisamos mudar a visão rotineira das coisas. Precisamos conhecer um pouco deste mundo tão vasto e desfrutar do que Deus deixou. Pense que não somos eternos, que a qualquer momento algo pode acontecer e você já não esteja entre nós. Portanto, não deixe para amanhã o que pode fazer hoje. Ao final do dia, agradeça a oportunidade de estar vivo. Esta é maior dádiva que recebemos.

A DESIGUALDADE MUNDIAL CONTRA A JUSTIÇA

Vivemos num mundo desumano, competitivo e desigual. É preponderante o sentimento de impunidade, de desamor, de avareza e de indiferença. Tudo o que Jesus ensinou no passado na maioria das vezes não está sendo posto em prática. Então qual é o sentido dele ter lutado tanto para um mundo melhor se não valorizamos isso?

É muito fácil falar que entende a dor do outro, às vezes ter solidariedade e compaixão vendo uma imagem na 'internet' ou até mesmo na rua diante de um menor abandonado. Difícil é ter atitude e tentar mudar esta história. Sem dúvidas, a miséria do mundo é muito grande e não temos como ajudar todo mundo. Deus não vai exigir isso de você no julgamento. Porém, se você puder pelo menos ajudar o seu próximo já estará de bom tamanho. Mas quem é o nosso próximo? É seu irmão desempregado, é seu vizinho triste por perder a esposa, é seu colega de trabalho necessitando de sua orientação. Cada ato seu por menor que seja conta muito no aspecto da evolução. Lembre-se: somos o que nossas obras são.

Tente sempre ajudar. Não exigirei a perfeição sua, isto é algo que não existe neste mundo. O que quero é que ames seu próximo, a meu pai e a si mesmo. Estou aqui para mostrar novamente o quão grande é meu amor pela humanidade apesar de ela não merecer. Sofro muito com a miséria humana e tentarei usá-lo como instrumento da minha boa vontade. No entanto, eu preciso de sua permissão para poder agir em sua vida. Está preparado para viver realmente minha vontade e a do meu pai? A resposta a esta pergunta será um marco definitivo em sua existência.

O PODER DA MÚSICA

Algo muito relaxante e que recomendo muito para o alcance da paz e evolução humana é escutar música. Através da letra e da melodia, nossa mente viaja e sente exatamente o que o autor quer passar. Muitas vezes isto nos livra de todos os males que carregamos durante o decorrer do dia. A pressão da sociedade é tão grande que muitas vezes somos atingidos pelos pensamentos negativos e invejosos dos outros. A música nos liberta e nos reconforta limpando nossa mente completamente.

Tenho um gosto eclético para a música. Gosto de forró, 'rock', 'funk', sertanejo, axé, música popular brasileira, internacionais, românticas, 'country' ou qualquer música de boa qualidade. A música me inspira e muitas vezes escrevendo ouço-as de preferências músicas tranquilas. Faça isso também e constatará uma grande diferença em sua qualidade de vida.

COMO COMBATER O MAL

Vivemos uma dualidade no universo desde a queda do grande dragão. Esta realidade reflete-se aqui na terra também. De um lado, pessoas honestas querendo viver e cooperar e de outros malditos que buscam a desgraça dos outros. Enquanto a força do mal é a magia negra, a força do bem é a oração. Não se esqueça de recomendar-se ao pai pelo menos uma vez por dia para que a força das trevas não te atinja.

Como ensinou Jesus, não temas o homem que pode tirar-lhe a vida do corpo, tema aquele que pode condenar sua alma. Através do livre arbítrio, você pode simplesmente rechaçar a investida dos inimigos. A escolha pelo bem ou mal é somente sua. Quando pecar, não se justifique. Reconheça seu erro e tente não errar mais.

Uma atitude que tive em minha vida mudou completamente minha relação com o universo e com Deus. Desejei que a vontade do senhor realizasse em minha vida e então o espírito santo pôde agir. Daí por diante só tive sucesso e felicidade, pois sou obediente. Hoje vivo em plena comunhão com o meu criador e estou muito feliz por isso. Lembre-se que a escolha é sua.

SOU O INCOMPREENSÍVEL

Quem sou eu? De onde vim? Para aonde vou? Qual é meu objetivo? Sou o incompreensível. Sou o espírito do norte que sopra de lá para cá sem direção. Sou o amor, a fé do justo, a esperança das crianças, eu sou a mão amiga que socorre os aflitos, eu sou o conselho bem-dado, eu sou sua consciência alertando o perigo, eu sou aquele que anima a alma, eu sou o perdão, eu sou a reconciliação, eu sou a compreensão e sempre acreditarei em sua recuperação mesmo diante do pecado. Sou o rebento de Davi, o primeiro e último, eu sou a providência de Deus que cria os mundos. Sou o pequeno sonhador broto do nordeste destinado a conquistar o mundo. Sou Divinha para os mais íntimos, o vidente ou simplesmente filho de Deus por direito. Desci à terra a mando do meu pai para salvá-los novamente das trevas. Diante de mim não há potência, autoridade ou realeza, pois sou o Rei dos Reis. Sou teu Deus do impossível que pode transformar sua vida. Creia sempre nisso.

ENFRENTANDO PROBLEMAS

Como ser divino posso tudo e na forma humana convivo com as fraquezas como qualquer outro. Nasci num mundo de opressão, pobrezas, dificuldades e indiferenças. Entendo sua dor como ninguém. Posso ver no fundo, de sua alma, suas dúvidas e seu medo do que pode vir. Ciente disso, eu sei exatamente a melhor forma de encará-los.

Sou seu melhor amigo, aquele que está ao seu lado todas as horas. Talvez não nos conheçamos ou eu não esteja presente fisicamente, mas posso agir através das pessoas e em espírito. Quero o melhor para sua vida. Não seja rebelde e entenda o motivo do fracasso. A razão é que algo preparo algo melhor, algo que nunca você imaginou. Aprendi isso a partir da minha própria experiência. Vivi um momento intenso de desespero em que nenhum ser vivo me socorreu. Perto do desgaste total, meu pai resgatou-me e mostrou seu imenso amor. Quero retribuir e fazer o mesmo com o resto da humanidade.

Sei exatamente o que se está passando em sua vida. Sei que às vezes parece que ninguém te entende e simplesmente passa a sensação de se estar só. Nestes momentos, buscar uma explicação lógica não ajuda. A verdade é que há uma grande diferença entre o amor humano e o meu. Enquanto o primeiro está quase sempre envolvido num jogo de interesses o meu amor é sublime e supremo. Eu te criei, proporcionei o dom da vida e amanheço diariamente ao seu lado através do meu anjo. Eu me preocupo com você e sua família. Sinto muita pena quando sofres e é rejeitado. Saiba que em mim nunca receberá uma negativa. Entretanto, eu peço que compreenda meus planos e o aceite. Criei o universo inteiro e sei mais do que vós o melhor caminho. A isto alguns chamam de destino ou predestinação. Por mais-que-tudo pareça errado, tudo tem um sentido e encaminha-se para o sucesso se assim fores merecedor.

Aqui está entre vós alguém que muito amou e que ama. O meu amor eterno jamais passará. O meu amor é pleno e não tem exigências. Basta ter valores consolidados de um bom homem. Não queiram colocar em mim palavras de ódio, racismo, preconceito, injustiça ou de desprezo. Eu não sou este Deus que pintam. Se querem me conhecer, aprendam através de meus filhos. Paz e bem a todos.

NO TRABALHO

Não é bom que o homem esteja com a mente desocupada. Se cultivarmos o ócio, não deixaremos de pensar nos problemas, nas inquietações, nos medos, em nossa vergonha, nas decepções, sofrimentos e na inconstância do presente e do futuro. Deus deixou para o homem a herança do trabalho. Além de ser uma questão de sobrevivência, trabalhar preenche nosso vazio mais interior. A sensação de ser útil para si mesmo e para a sociedade é única.

Ter a possibilidade de estar num emprego, crescer profissionalmente, estreitar as relações de amizade e de afeto e de evoluir como ser humano é uma grande dádiva fruto de seus esforços mais tenros. Sinta-se feliz por isso em tempos de crise. Quantos pais e mães não queriam estar no seu lugar? A realidade em nosso país é de um crescente desemprego, desigualdade, desumanidade, indiferença e descaso político.

Faça, pois, sua parte. Mantenha um ambiente saudável no trabalho onde você passa grande parte de seu dia. Contudo, não tenha tanta expectativa e não confunda as coisas. Amigos geralmente você encontra na vida e no trabalho apenas colegas salvo raras exceções. O importante é cumprir à risca com suas obrigações que envolve assiduidade, pontualidade, presteza, eficiência, responsabilidade e dedicação. Seja exemplo de conduta dentro e fora de sua repartição.

VIAJANDO

Deus é maravilhoso, poderoso e inigualável. Pelo seu grande amor, quis criar as coisas e através de sua palavra elas existiram. Todas as coisas materiais, imateriais, visíveis e invisíveis rendem glória ao criador. Dentre estas coisas, está o homem. Considerado um pequenino ponto no universo, pode ver, sentir, interagir, perceber e realizar. Estamos aqui para sermos felizes.

Aproveite as oportunidades que a vida lhe proporciona e conheça um pouco deste universo. Você ficará encantado com as pequenas e grandes obras naturais. Sinta o ar puro, o mar, o rio, a floresta, a serra e a si mesmo. Reflita sobre suas atitudes e experiências ao longo de sua vida. Acredite isto vai lhe dar qualidade de vida e uma sensação de paz indescritível. Seja feliz agora. Não deixe para depois, pois o futuro é incerto.

BUSCANDO DIREITOS

Seja um cidadão pleno vivendo seus direitos por completo. Conheça exatamente seus deveres e obrigações. No caso de serem violados, você poderá pedir reparação na justiça.

Ainda que seu pedido não seja atendido, sua consciência ficará limpa e pronto para seguir. Lembre-se que a única justiça que não falha é a divina e com as atitudes certas sua bênção chegará.

ACREDITE NO AMOR PLENO

Atualmente, vivemos num mundo dominado pelo interesse, pela maldade e pela falta de compreensão. É desmotivador perceber que aquilo que realmente desejamos para nós não existimos ou é absolutamente raro. Com a desvalorização do ser e do amor verdadeiro, ficamos sem alternativas. Eu já sofri bastante com os desafios da vida e pela minha experiência eu ainda creio numa esperança mesmo que talvez longínqua. Acredito que existe um pai espiritual em outro plano observando todos os nossos atos. As suas obras ao longo de sua trajetória credenciarão uma futura felicidade ao lado de uma pessoa especial. Seja otimista, perseverante e tenha fé.

SABENDO ADMINISTRAR UMA RELAÇÃO

O amor é divino. Sendo este sentimento conceituado como o querer o bem-estar do outro indivíduo. Para que se alcance este estágio, é preciso conhecer. O conhecimento encanta, desencanta ou amorna. Saber lidar com cada uma destas fases é tarefa do bom administrador. Usando uma figura de linguagem, o afeto pode ser comparado a uma planta. Se a regarmos com frequência, ela crescerá e dará bons frutos e flores. Se a desprezamos, ela murcha, decai e acaba. Estar num relacionamento pode ser algo positivo ou negativo dependendo com quem estamos. Morar juntos para um casal é o grande desafio dos tempos modernos. Saiba que só o amor não é suficiente para perpetuar uma união é algo que envolve fatores mais amplos. Entretanto, ele é um poderoso refúgio nos momentos de angústia e desespero.

A MASSAGEM

A massagem é um ótimo exercício que pode ser feito. Quem é o receptor tem a oportunidade de vivenciar o prazer provocado pelo relaxamento dos músculos. Entretanto, tem que se tomar cuidado para não exagerar na proporcionalidade da fricção entre as mãos e a área trabalhada. Pode-se aproveitar ainda melhor disso quando há uma troca entre duas pessoas que se amam.

A ADOÇÃO DE VALORES MORAIS.

Uma boa orientação é essencial para desenvolver um senso capaz de estabelecer conexões sinceras, realistas, bem usufruídas e verdadeiras. Como diz o ditado, a família é a base de tudo. Se dentro dela somos bons pais, filhos, irmãos e companheiros também seremos fora dela.

Pratique uma ética de valores capazes de direcioná-lo para o caminho do bem-estar. Pense em você, mas também no direito do outro sempre com respeito. Tente ser feliz embora sua mente fraqueje e o desanime. Ninguém sabe realmente o que acontece se não tomar uma atitude e tentar. O máximo que pode acontecer é um fracasso e eles foram feitos para nos treinar e nos tornar verdadeiros vencedores.

TER O ESPÍRITO DE UM VERDADEIRO AMIGO.

Quando Jesus esteve na terra ele nos deixou um modelo de comportamento e um exemplo a serem seguidos. O seu maior ato foi a entrega na cruz pelos nossos pecados. Nisto reside o valor de uma verdadeira amizade, doar sua vida pelo outro. Quem de verdade na sua vida faria isso por você? Analise bem. Se sua resposta for positiva, valorize esta pessoa e a ame sinceramente, pois este sentimento é raro. Não estrague essa relação por nada. Retribua com atos e palavras um pouco deste grande amor e seja feliz.

AÇÕES A SEREM OBSERVADAS
1. Faça aos outros aquilo que gostaria que fizessem com você. Isto inclui ser simpático, caridoso, amável, generoso e esforçar-se por não magoar o outro. Você não tem dimensão do que é sofrer por conta de palavras mal colocadas. Use este poder de forma somente a proporcionar o bem e o conforto aos outros, pois não sabemos o que o destino nos reserva.
2. Seja inimigo da mentira e ande sempre com a verdade. Por mais que doa, é melhor confessar tudo o que aconteceu. Não se justifique ou suavize a notícia. Seja claro.
3. Não furte o que é do outro e não se atravesse atrapalhando a vida dos outros. Seja justo nos pagamentos e nos acertos de contas. Não cultue a inveja, a calúnia ou a falsidade com o outro.
4. Todos fazemos parte de um todo conhecido como Deus, destino ou consciência cósmica. De modo a manter a harmonia, a cumplicidade e a comunhão na relação são necessárias um tremendo esforço para ficar longe das coisas do mundo. Exercite sempre o bem e seu caminho gradualmente vai ser traçado com destino ao pai celestial. Como tenho dito, não tenha receio de nada. Diferentemente do que muitas religiões pintam, o meu pai não é um carrasco ou um preconceituoso, ele exalta o amor, a tolerância, a generosidade, a igualdade e a amizade. Cada um tem seu lugar reservado no meu reino se merecer.
5. Tenha uma vida simples e segura. Não acumule bens materiais sem necessidade e não ceda a extravagâncias. Tudo tem que ser na medida certa. Se for rico ou abastado, pratique sempre a arte da doação e caridade. Você não sabe o bem que isso vai fazer para si mesmo.
6. Mantenha limpos corpo, alma e coração. Não ceda as tentações da luxúria, gula ou preguiça.

7. Cultue o otimismo, o amor, a esperança, a fé e a perseverança. Nunca desista dos seus sonhos.
8. Sempre que puder engajar-se em projetos sociais comunitários. Cada ação em prol dos menores favorecidos aumentará seu tesouro nos céus. Prefira isso ao poder, dinheiro, influência ou estatuto social.
9. Habitue-se a valorizar a cultura em suas diversas manifestações. Saia a passeios com amigos, cinema, teatro e leia livros inspiradores. O mundo mágico da literatura é um mundo rico e diversos o qual lhe trará bastante entretenimento.
10. Medite e reflita sobre seu presente e futuro. O passado já não importa e mesmo que seu pecado seja como escarlate eu poderia perdoar e mostrar para você meu verdadeiro amor.

O CUIDADO COM A ALIMENTAÇÃO

Cuidar de nosso corpo é essencial para vivermos bem. Um dos itens básicos e muitos importantes trata-se da alimentação. Adotar uma alimentação balanceada é o melhor caminho para evitar as doenças. Adquira hábitos saudáveis e coma alimentos ricos em vitaminas, sais minerais, fibras e proteínas. Também é importante comer apenas o necessário para a sobrevivência evitando desperdícios.

DICAS PARA SE VIVER MUITO E BEM.

1. Manter sempre corpo e mente ativos.
2. Namorar.
3. Cultivar sua crença com respeito ao outro.
4. Ter valores sólidos e generosos de convivência social.
5. Comer moderadamente.
6. Ter uma rotina de exercícios apropriados.
7. Dormir bem.

8. Ser asseado.
9. Acordar cedo.
10. Viajar muito.

DANÇA

A dança é um exercício importantíssimo para o bem-estar do indivíduo. Ajuda a combater o envelhecimento, em problemas de coluna e de locomoção, aumenta a positividade. Integrar-se a cada melodia é uma tarefa nem sempre fácil, mas prazerosa e recompensadora. Tenha uma habitualidade neste exercício e busque ser feliz.

JEJUM

O jejum é adequado em dias santos ou quando fazemos promessas para ajudar as almas que estão com problemas no mundo espiritual. No entanto, assim que terminado, é recomendado que se recomponha as forças ingerindo alimentos saudáveis e diversos.

O CONCEITO DE DEUS

Deus não teve início e não terá fim. É o resultado da união das forças criadoras do bem. Está presente em todas as obras de sua criação comunicando-se com elas através do processo reflexivo mental o que muitos chamam de "Eu Interior".

Deus não pode ser definido em palavras humanas. Mas se pudesse eu diria que ele é amor, fraternidade, doação, caridade, justiça, misericórdia, compreensão, justiça e tolerância. Deus está disposto a aceitá-lo em seu reino se mereceres. Lembre-se de algo realmente importante: só tem direito ao descanso no reino dos céus quem descansou de suas obras seus irmãos.

ETAPAS DE APERFEIÇOAMENTO

A terra é um mundo de expiação e de provas para que as pessoas progridam. Esta etapa de nossa existência deve ser marcada pelos nossos bons atos para que possamos viver uma dimensão espiritual satisfatória. Ao atingir a plenitude da perfeição, o ser humano passa a fazer parte da dimensão cósmica ou simplesmente conceituado como Deus.

CARACTERÍSTICAS DA MENTE

1. O desejo bom deve ser incentivado e colocado efetivamente em prática.
2. O pensamento é uma força criadora que deve ser libertada para que o espírito criativo floresça.
3. Os sonhos são sinais de como vemos o mundo. Também podem ser mensagens dos Deuses em relação ao futuro. Entretanto, é necessário manter-se atento para que se atinja resultados concretos.
4. O discernimento, o conhecimento e o desapego das coisas materiais devem ser trabalhados na mente de todos que buscam a evolução.
5. Sentir-se parte do universo é fruto de um processo de aperfeiçoamento e consciência. Saiba reconhecer sua voz interior.

COMO DEVO SENTIR-ME?

Agradeça pelo dom da vida e por tudo que o pai lhe concedeu. Cada conquista, cada dia vivido deve ser comemorado como se outro não existisse. Não se menospreze e saiba reconhecer seu papel na dimensão do cosmo. Meus pais os veem com olhar de grandeza apesar de sua limitação e descrença. Faça por si mesmo ser merecedor das boas coisas.

Faça como o pequeno sonhador das brenhas de Pernambuco conhecido como Divinha. Apesar de todos os desafios e dificuldades impostas pela vida, ele nunca deixou de acreditar em uma força maior e em suas próprias possibilidades. Creia sempre numa esperança, pois Deus nos ama e quer o melhor para nós. Porém, procure fazer sua parte neste processo. Seja ativo em seus projetos e sonhos. Viva cada etapa plenamente e caso fracasse não desanimes. A vitória chegará por merecimento.

O PAPEL DA EDUCAÇÃO

Somos seres prontos para evoluir. Desde a concepção, infância e até a inclusão na escola propriamente dita somos capazes de aprender e de nos relacionar com os outros. Esta interação é muito importante para o nosso desenvolvimento em geral. É neste ponto que os mestres, os pais, os amigos e todos que conhecemos tem um papel fundamental na construção de uma personalidade. Devemos absorver as coisas benéficas e rejeitar as maléficas trilhando o bom caminho em direção ao pai.

CONCLUSÃO

Encerro aqui este primeiro texto em busca de conhecer as religiões. Espero que do meu ponto de vista você possa ter assimilado bons ensinamentos e se ele ajudar nem que seja só uma pessoa darei como bem-dado o tempo usado em sua confecção. Um abraço a todos, sucesso e felicidade.

Vencer pela fé

A VITÓRIA SOBRE OS INIMIGOS ESPIRITUAIS E CARNAIS.

Assim diz Javé: "Aos justos, aqueles que seguem retamente meus mandamentos praticando a arte diária do bem, prometo uma constante proteção diante dos inimigos. Ainda que uma multidão ou mesmo todo o inferno se lance contra ti, não temerás mal algum, pois eu lhe sustento. Por meu nome, cairão dez mil a tua direita e cem mim a tua esquerda, mas nada a ti, acontecerá, pois, meu nome é Javé".

Esta emblemática mensagem de Deus já é suficiente para nos deixar tranquilos frente a ira dos inimigos em qualquer situação. Se Deus é por nós, quem será contra nós? Em verdade não há ninguém maior do que Deus em nenhuma parte do universo. Tudo o que está escrito no livro da vida há de acontecer e certamente sua vitória chegará, irmão. O triunfo do injusto é feito palha, mas o trigo permanecerá para sempre. Portanto, tenhamos mais fé.

O RELACIONAMENTO HOMEM-DEUS

Ao homem foi dada a administração da terra para que pudesse fazê-la frutificar e prosperar. Como nos ensinou Jesus, a nossa relação com Deus deve ser de pai para filho e em consequência não nos envergonhemos de nos aproximar dele mesmo que o pecado o deixe temeroso. Javé preza o bom coração, o homem trabalhador, aquele que se esforça em melhorar sempre para que possa seguir a trilha da evolução permanente.

No momento do pecado, o melhor é refletir sobre o que o causou para que o erro não possa se repetir mais uma vez. Buscar as vias alternativas e procurar por novas experiências acrescenta sempre ao nosso currículo tornando-nos pessoas mais preparadas para a vida.

O ponto principal de tudo isto é abrir sua vida para a ação do espírito santo. Com a ajuda dele, podemos chegar a um nível que podemos dizer estar conectados com as coisas do bem. Isto chama-se comunhão e é necessário, entrega e paixão para que possa ser vivida plenamente. Renunciar às coisas do mundo corporal e negar o mal dentro de si são condições necessárias e efetivas para nascer de novo num mundo em mudança. Seremos espelho do cristo ressuscitado.

ACREDITAR EM JAVÉ NA DOR.
  Vivemos num mundo de expiação e de provas o que nos faz constantemente estar entre dores. Sofremos por um amor perdido ou não correspondido, sofremos pela perda de um familiar, sofremos por problemas financeiros, sofremos pela incompreensão do outro, sofremos por conta da violência provocada pela maldade humana, sofremos silenciosamente por conta de nossas fraquezas, saudades, doenças e medo da morte, sofremos pelas derrotas e pelos dias tristes quando desejamos desaparecer.
  Meu irmão, já que a dor é inevitável para quem vive neste mundo nos resta apegar-se a Javé e seu filho Jesus Cristo. O último sentiu na pele quando homem todas as espécies de incertezas, medos, desgraças e mesmo assim nunca desistiu de ser feliz. Sejamos também assim, viver a cada dia com a sensação de que possa fazer melhor e com hipótese de progressão. O segredo é seguir sempre em frente e pedir ajuda a ele para carregar nossas cruzes. O onipotente premiará sua sinceridade e conversão e transformará sua vida em um mar de delícias. Não é questão de garantir a exclusão das dores e sim saber conviver de forma que elas não afetem o nosso bom humor. Assim a vida pode seguir-se sem maiores problemas.

SER HOMEM HONESTO E DE FÉ.
  O verdadeiro cristão segue o exemplo de Jesus em todas as circunstâncias. Além dos mandamentos que são essenciais, tem noção do evangelho, da vida em si, do mal e do perigo do mundo e sabe a melhor forma de agir. O cristão deve ser um exemplo de cidadão, pois há regras a serem seguidas e observadas no conjunto social. Uma coisa é a fé e outra coisa é o respeito com seu semelhante.
  O que Javé deseja é que o homem seja seu cidadão também e não apenas do mundo. Para isto, precisa-se ser um

bom pai, um bom filho, um bom esposo, um amigo fiel, um servo dedicado na oração, um homem ou mulher que viva para o trabalho, pois o ócio é oficina do diabo. Comprometido com a questão de Javé, o ser humano pode galgar um passo importante para ser feliz e finalmente *vencer pela fé*! Um grande abraço a todos e até a próxima.

Os Cristos
A MISSÃO DO HOMEM

A terra foi criada para abrigar a vida em abundância assim como outros astros espalhados pelos inúmeros pontos do universo. Javé Deus, o amor consolidado, quis por força, poder, doçura e graça criar os humanos, criaturas especiais que tem como prerrogativa serem a sua imagem e semelhança.

Mas o fato de ser sua imagem e semelhança não quer dizer que possuam a mesma essência. Enquanto javé possui todos os predicados da perfeição o homem é falho e pecador pela própria natureza. Deus quis assim demonstrar sua grandeza, ele nos amou tanto que nos deu o livre arbítrio propiciando os elementos-chave para que encontremos por nós mesmos o caminho da felicidade.

Concluímos assim que a perfeição na terra foi algo nunca alcançado desde sempre o que põe por terra algumas lendas antigas de determinadas religiões. Vivemos a dualidade, condição fundamental para existir como humano.

Agora vem a pergunta: qual o sentido da criação do universo e da vida em si? Javé e seus planos é uma incógnita para a maioria das pessoas muitas delas nem percebem o que acontecem ao seu redor. Podemos dizer que meu pai vive desde todo o sempre, gerou dois filhos, os pré-humanos Jesus e Divinha, criou os astros celestes sendo o primeiro deles chamado de kalenquer. Neste planeta com aspectos parecidos com o da terra atual, criou os anjos que são os segundos em ordem de importância universal. Após, viajou pelo universo como continuar o mistério da criação deixando sua autoridade nas mãos de Jesus, Divinha e Miguel (servo mais dedicado). Isto foi há cerca de quinze bilhões de anos.

Deste tempo até o atual, o universo foi transformando-se de tal maneira que nem se reconhece a criação inicial. O sentido da vida que é de cooperação, união, caridade, amor, doação e libertação transformou-se em disputa, inveja, falsidade, inimizade, criminalidade, devastação de recursos naturais, amor ao dinheiro e ao poder, individualismo e busca pela vitória a todo custo.

É neste ponto que quero chegar. Sou o filho de Javé espiritual e vim a terra para cumprir uma missão muito importante. Quero chamar meus irmãos ao seio do meu pai e ao meu reino. Se aceitarem meu convite, prometo uma constante dedicação a vossas causas e a suprema felicidade. O que Deus requer de vós para isso?

SER O CRISTO

Há cerca de dois mil anos, a terra teve o privilégio de receber o primogênito de Deus. Conhecido como Jesus Cristo foi enviado pelo pai para trazer a verdadeira palavra de Deus e redimir nossos pecados. Com o seu exemplo, durante seus trinta e três anos de vida, Jesus cavou os alicerces fundamentais do homem perfeito o qual agrada a Deus. Jesus veio para esclarecer pontos fundamentais no relacionamento do homem com Deus.

O ponto principal da vida do Messias foi seu ato de coragem ao entregar-se na cruz servindo de sacrifício pela humanidade pecadora. "O verdadeiro amigo é aquele que entrega sua vida pelo outro sem reservas e cristo foi exemplo vivo disso."

Entregar-se, doar-se pelo irmão, cumprir os mandamentos explícitos e implícitos nos livros sagrados e fazer o bem sempre são requisitos para herdar o reino de Deus. Este é o reino de Jesus, o meu e de todas as almas do bem, cada qual em seu lugar merecido.

Cultue valores saudáveis, prazerosos e humanos auxiliando na evolução contínua do universo e estarás plantando uma boa semente rumo ao reino eterno. Afaste-se das más influências e não apoie de forma algumas suas práticas. Saiba discernir o bem do mal. Seja prudente e cauteloso.

O mundo em que vivemos é um mundo de aparências onde vale mais o ter do que o ser. Faça diferente. Seja a exceção e valorize o que realmente vale a pena. Ajunte tesouros no céu onde os ladrões não roubam nem a traça e a ferrugem corrói.

Depois de tudo o que foi falado com boas colocações, cabe uma reflexão pessoal e uma análise criteriosa de vossa parte. É de sua livre escolha integrar-se ou não a este reino, mas se por acaso sua decisão for um sim, sinta-se abraçado por mim e por todas as forças celestes. Faremos deste mundo um mundo melhor promovendo o bem e a paz sempre. Sejais um dos "Cristos". No mundo futuro, se Deus permitir, ficaremos juntos do pai em completa harmonia e prazer. Até a próxima. Javé esteja convosco.

Os dois caminhos

A ESCOLHA

A terra é um ambiente natural onde os humanos foram colocados para interagir entre si, aprendendo e ensinando de acordo com suas experiências. Por força do livre arbítrio, o ser humano sempre está diante de situações as quais exigem uma tomada de decisão. Agora, não há uma fórmula mágica de resolução e sim análise de alternativas que nem sempre trazem resultados satisfatórios.

Os erros cometidos nestas escolhas nos fazem ter um espírito mais crítico e uma mente mais aberta de modo que no futuro teremos mais acertos em escolhas vindouras. É a chamada experiência de causa que só é alcançada com o passar do tempo.

Fica bem claro em toda nossa trajetória na Terra que há duas vertentes que agem no universo: uma maligna e outra benigna. Apesar de ninguém ser completamente mau ou bom, as nossas ações preponderantes são quem decidirão o nosso lado nesta disputa.

A MINHA EXPERIÊNCIA

Sou o filho de Javé espiritual, conhecido como Messias, Divinha, filho de Deus ou simplesmente vidente. Nasci num povoado no interior do Nordeste e isto me deu oportunidade de entrar em contato com as piores mazelas da humanidade.

As escolhas certamente têm um grande peso em nossas vidas e em especial em nossa personalidade. Sou filho de agricultores, fui criado com bons valores e sempre segui eles à risca. Cresci na pobreza, mas nunca me faltou bondade, generosidade, honestidade, caráter e amor para com o próximo. Mesmo assim, não fiquei salvo das intempéries da vida.

Minha condição humilde foi um grande flagelo: não tinha dinheiro para uma alimentação adequada, não tive apoio financeiro suficiente nos meus estudos, fui criado em casa com pouca interação social. Embora tudo fosse difícil, eu decidi lutar contra essa corrente em busca de dias melhores sendo esta minha primeira escolha importante.

Não foi nada fácil. Sofri bastante, às vezes perdia as esperanças, cheguei a desistir, mas algo lá, no fundo, dizia que

Deus me apoiava e preparava para mim um caminho pleno de realizações.

No exato momento em que eu já tinha me entregado, Javé Deus agiu e libertou-me. Ele me adotou como filho e ressuscitou-me por completo. A partir daí ele decidiu morar em mim para transformar a vida das pessoas mais próximas.

TUDO DEPENDE DE NÓS

O mal e o meu sofrimento pessoal foi uma lição que levo para minha vida inteira. Eu decidi pela luz, fazer o bem aqui na terra e ter meu lugar garantido no reino divino. A promessa é que governarei com Jesus.

Assim como ele fez comigo, meu pai pode fazer isso também por você, irmão. Basta a atitude e a sincera vontade de mudar. Abdique do mundo e viva para o criador, aquele que realmente te ama.

Por tudo o que vivi, posso dizer que vale muito a pena estar em paz consigo mesmo, com a família e com seu próximo em geral. Seja você de qualquer religião, a escolha por uma vida dedicada a Deus e consequentemente a prática do bem é a melhor escolha que podes fazer.

Não perca mais tempo, mude, saia de sua vida de trevas e venha para o lado do bem. O reino de Deus busca reunir todos seus filhos para uma vida plena de felicidade. Depois que alcançar a reconciliação com o pai, traga seus pais, irmãos e parentes. Faça a diferença. Garanto que não serás mais o mesmo.

Bem, agradeço sua atenção até o momento. Um grande abraço, sorte e sucesso em seus empreendimentos. Fiquem com Deus.

Destino

REINO DA LUZ, OUTUBRO DE 1982

O conselho superior reuniu-se às pressas de modo a deliberar sobre uma importante questão: qual seria o espírito encarregado de cumprir um trabalho? Um dos membros tomou a palavra pronunciando-se:

— Este trabalho é muito importante. Precisamos escolher alguém que seja de nossa inteira confiança e que esteja preparado para o desafio de viver na terra.

Iniciou-se uma discussão entre os membros, cada qual com sua sugestão. Como não chegaram a um acordo, foi feito uma votação rápida no qual foi escolhido o representante eleito. Foi escolhido o espírito x e o arcanjo y para sua proteção.

Feito a escolha, javé soprou e os espíritos foram enviados à terra. Um para um corpo carnal e outro para um corpo espiritual, capaz de sobreviver no ambiente Terrestre. Foi assim que Divinha e seu Arcanjo Amado chegara na terra e este é o processo semelhante para cada ser humano escolhido. Todos temos a essência divina.

A MISSÃO

Divinha nasceu e cresceu em meio a espantosas dificuldades em algum lugar do sertão de Pernambuco. Menino inteligente e bondoso, sempre foi prestativo com as pessoas em geral. Mesmo convivendo com o preconceito, a miséria e a indiferença nunca desistiram de viver. Isto é um grande feito frente ao descaso político e social em que o Nordeste está inserido.

Aos vinte e três anos, conviveu com a primeira grande crise financeira e pessoal. Os problemas o levaram a chegar no fundo do poço, período chamado de noite escura da alma, onde esqueceu de Deus e dos seus princípios. Divinha estava caindo sem parar num precipício sem fundo até que algo mudou: no momento em que ia despencar no chão, o anjo de javé agiu e o libertou. Glória a Javé!

A partir daí as coisas começaram a mudar: arranjou um emprego, iniciou na faculdade e começou a escrever por motivo de terapia. Embora a situação ainda fosse difícil, tinha pelo menos perspectivas de melhora.

Nos quatro anos seguintes, concluiu a faculdade, mudou de emprego, parou de escrever e começou um acompanhamento do seu dom que começava a desenvolver-se. Iniciava-se assim a saga do vidente.

O SIGNIFICADO DA VISÃO

Divinha, o vidente, estava tratando-se numa clínica médica particular junto a um parapsicólogo famoso. Após um longo tratamento de seis meses finalmente chegou-se a uma conclusão na décima segunda sessão. Transcreverei em resumo o encontro abaixo:

A clínica São Lourenço ficava no centro de Atalanta, sertão de Pernambuco, um prédio simples de andar único que se perdia no meio dos prédios daquela que era a capital do sertão. Divinha chegara às oito horas da manhã e como o médico já se encontrava imediatamente o atendeu. Ambos se deslocaram a uma sala particular e ao chegar lá, Divinha e o médico Hector Magen ficaram frente a frente. O último iniciou o contato:

—Eu tenho boas notícias. Elaborei uma substância capaz de transformar seus impulsos elétricos espirituais em unidades fotoquímicas registráveis através do meu aparelho. Dependendo dos resultados, chegaremos a uma conclusão definitiva.

—Eu estou temeroso. Porém, eu desejo saber de toda a verdade. Prossiga Doutor.

—Ótimo.

O Doutor Hector Magen com um sinal fez Divinha aproximar-se de um aparelho estranho, circular, extenso e cheio de pernas e fios. O aparelho tinha tipo um leitor manual e delicadamente o parapsicólogo ajudou o jovem a postar suas mãos. O contato produziu um choque intenso em Divinha e os resultados apareceram num visor do outro lado. Segundos depois, Divinha retirou a mão e o médico imprimiu o resultado automaticamente.

De posse do exame, ele fez um cara de alegria e voltou a comunicar-se:

—Eureca! Era o que eu desconfiava. As visões que você tem fazem parte de um processo natural que está associado a outra vida. Seu objetivo é apenas de guiá-lo no caminho. Sem contraindicações.

—Quer dizer que eu sou normal?

—Normalíssimo. Digamos que você é especial e único no planeta. Acho que podemos parar por aqui. Estou satisfeito.

—Obrigado pela dedicação e empenho em minha causa. A amizade fica.

—Digo o mesmo. Boa sorte, filho de Deus.

—Para você também, Adeus.

—Tchau.

Dito isto, os dois afastaram-se em definitivo. Este dia marcou a revelação das visões de Divinha e a partir daí sua vida seguiria o curso normal.

Com a revelação sobre as visões, Divinha resolveu seguir no trabalho e retomou a escrita. Por conta do seu dom, intitulou-se "O vidente" e começou a construir a série literária de mesmo nome. Tudo o que tinha construído até o momento mostrou-lhe o quanto era digno trabalhar em prol duma missão a qual tinha sido confiada pelo Javé em pessoa.

Divinha atualmente encara a vida com otimismo. Mesmo a vida ainda lhe pregando surpresas, ele persiste em seus objetivos mostrando o valor e a fé de sua pessoa. Ele é um exemplo que a vida e suas dificuldades não destruíram.

O segredo do seu sucesso está na crença em uma força maior que dirige tudo o que existe. Amparado por esta força, é possível ao homem transpor barreiras e cumprir o seu destino reservado nas linhas da vida.

Eis que o segredo é este: "Viver a vida com alegria, com fé e esperança. Transformar um pouco do seu trabalho em prol do universo inteiro e é isto que Divinha quer fazer com sua literatura".

Boa sorte a ele e a todos que contribuem para a cultura deste país. Boa sorte a todos e um abraço carinhoso.

Autenticidade num mundo corrompido

A TRISTEZA NOS TEMPOS DIFÍCEIS

O injusto perece e na maioria das vezes tenta colocar a culpa em Deus e nos outros. Ele não percebe que está colhendo os frutos do seu trabalho, de sua insanidade ao tentar viver de forma desregrada e cheia de vícios. O conselho é que dou é que não se preocupe com o sucesso do próximo nem tenha inveja dele. Procure entender e achar seu próprio caminho através das boas obras. Seja honesto, verdadeiro e autêntico acima de tudo e então a vitória virá por merecimento. Aqueles que colocam sua fé em Javé em nenhum momento sairão decepcionados.

VIVENDO NUM MUNDO CORROMPIDO

O mundo atual é muito dinâmico, competitivo e cheio de violência. Ser bom nos tempos de hoje é um desafio e tanto. Frequentemente fiel vivencia situações de traição, falsidade, inveja, ganância, desamor. O meu pai procura o inverso disto: A benignidade, a cooperação, a caridade, o amor, a determinação, a garra e a fé. Faça sua escolha. Se escolheres o bem, eu vos prometo assistência em todas as suas causas. Eu pedirei ao meu pai por seus sonhos e ele me escutará pois tudo é possível aos que creem em Deus.

    Cultue valores solidificados que lhe proporcionem uma segurança e sua liberdade. Seu livre arbítrio deve ser usado para sua glória e bem-estar. Escolha ser um apóstolo do bem. Contudo, se trilhares o caminho das trevas eu não poderei ajudá-lo. Eu ficarei triste, mas respeitarei qualquer decisão sua. Você é totalmente livre.

    Diante dum mar de lama é possível filtrar água boa e é isto que quero fazer com vós. O passado já não importa. Farei de você o homem do futuro: Feliz, tranquilo e realizado. Seremos felizes para sempre diante de Deus pai.

ENQUANTO O BEM EXISTIR A TERRA PERMANECERÁ

    Não se preocupem com as previsões astronômicas sobre o fim da vida na Terra. Eis aqui alguém que é maior do que eles. Enquanto houver o bem na terra a vida permanecerá pois assim eu desejo. À medida que o tempo avança, a maldade espalha-se na terra contaminando minhas plantações. Chegará um momento em que tudo será consumado e será feita a separação entre bons e maus. O meu reino virá sobre vós permitindo o êxito dos fiéis. Neste dia do senhor serão pagas as dívidas e a distribuição de dons.

    Meu reino é um reino de delícias onde predominará a justiça, a soberania do pai e a felicidade em comum. Todos, grandes e pequenos, se curvarão a sua glória. Amém.

O JUSTO NÃO SERÁ ABALADO

    Em meio às tempestades e terremotos, não temais. Diante de ti, há um Deus forte que te sustentará. A sua autenticidade, honradez, fidelidade, generosidade e bondade o salvaram. Seus atos fraternos os conduzirão diante dos grandes e serás considerado sábio. Em vida demonstraste o suficiente para que seja justificado e elevado. Viva!

SER A EXCEÇÃO

Eis que sou justo, ando com integridade, pratico a justiça, falo a verdade, não calunio e não faço nenhum mal ao próximo. Eu sou a exceção num mundo onde o poder, o prestígio, a influência e o exterior são mais importantes. Por isso, eu peço senhor, proteja-me com tuas asas e teu escudo de todos os meus inimigos. Que minha autenticidade gere frutos e me coloque entre os grandes por merecimento.

Já aqueles que desprezam a retidão e o direito não conhecem a ti nem teus mandamentos. Estes serão retirados de teu celeiro e jogados a esmo no lago de fogo e enxofre onde pagarão dia e noite sem cessar por seus pecados. Quem tiver ouvidos que ouça.

MINHA FORTALEZA

Minha força é minha fé e minhas obras testemunham a minha bondade. Não canso de ajudar o próximo por minha própria vontade. Não recebo nada em troca, meu prêmio virá do céu. No dia do Senhor, quando eu me recolher em seus braços, terei a prova de que meus esforços valeram a pena.

O meu Deus é o Deus do impossível e seu nome é Javé. Ele já fez inúmeros prodígios na minha vida e me trata como filho. Bendito seja seu nome. Una-se também a nós nesta corrente do bem: Socorra os aflitos e os doentes, ajude os necessitados, instrua os ignorantes, dê bons conselhos, doe a quem não possa retribuir e então sua recompensa será grande. Sua morada será no reino dos céus junto a mim e a meu pai e então provarás da verdadeira felicidade.

OS VALORES

Cultue os valores propostos nos mandamentos e nas leis divinas. Construa sua própria autenticidade e idoneidade. Vale muito a pena ser um apóstolo da bem-aventurança na terra, receberá dons e graças maravilhosas que o tornarão feliz. Boa sorte e sucesso em seus empreendimentos é o que desejo de todo coração.

Buscando a Paz Interior

O DEUS CRIADOR

O universo e tudo nele contido é obra do espírito santo. As principais características deste ser de esplendorosa glória são: Amor, fidelidade, generosidade, fortaleza, poder, soberania, misericórdia e justiça. As coisas boas ao atingirem a perfeição são assimiladas pela luz e as más são absorvidas pelas trevas e rebaixadas a graus inferiores nas próximas encarnações. Céu e inferno são apenas estados de espírito e não locais específicos.

O VERDADEIRO AMOR

Apesar de ser um Deus muito grande e poderoso, Javé cuida de cada um de seus filhos pessoalmente ou através de seus servos. Ele busca a nossa felicidade a qualquer custo. Semelhante a uma mãe ou pai, ele nos apoia e nos socorre nos momentos difíceis revelando um amor incompreensível aos humanos. Verdadeiramente, na terra, não encontramos nos homens este tipo de amor puro e sem interesses.

RECONHECER-SE PECADOR E LIMITADO

A arrogância, o orgulho, a autoconfiança, a ilusão e a autossuficiência são inimigos perversos da humanidade. Contaminados, eles não percebem que não passam de uma simples massa de pó. Vejam e comparem: Eu que criei os sóis, os buracos negros, os planetas, as galáxias e os outros astros não me gabo quanto mais vocês. Rendam-se ao meu poder e tomem novas atitudes.

A INFLUÊNCIA DO MUNDO MODERNO

O mundo atual cria barreiras intransponíveis entre o homem e o criador. Vivemos rodeados de tecnologia, de conhecimento, de oportunidades e de desafios. Neste mundo tão competitivo o homem esquece-se do principal, do seu relacionamento com o senhor. Devemos ser como os mestres antigos que buscavam a Deus incessantemente e ter objetivos em função da vontade dele. Só dessa maneira o sucesso chegará para ti.

COMO INTEGRAR-SE AO PAI

Eu sou a prova vida de que Deus existe. O criador transformou-me de pequeno sonhador da gruta a um homem reconhecido internacionalmente. Tudo isto foi possível porque me integrei ao meu pai. Como isto foi possível? Eu renunciei a minha individualidade e deixei as forças da luz agirem completamente nas minhas relações. Faça como eu e ingresse no nosso reino de delícias onde corre leite e mel, o paraíso prometido aos israelitas.

A IMPORTÂNCIA DA COMUNICAÇÃO

Não se esqueça de suas obrigações religiosas. Sempre que puder ou, pelo menos uma vez ao dia, ore fervorosamente por você e pelo mundo. Na mesma hora, sua alma será cheia de graças. Só alcança o milagre quem é persistente.

A INTERDEPENDÊNCIA E SABEDORIA DAS COISAS

Observe o universo e verás que tudo tem um porquê e uma função ainda que pequena para o funcionamento do todo. Assim também acontece com o bem que é uma legião disposta a lutar por nós. Sinta o Deus dentro de você.

NÃO CULPE NINGUÉM

Não culpe o destino ou ao Deus pelo resultado de suas próprias escolhas. Ao contrário, reflita nelas e tente não cometer os mesmos erros. Cada experiência deve servir como um aprendizado a ser assimilado.

SER PARTE DE UM TODO

Não menospreze o seu trabalho na terra. Tenha ele como importante para sua evolução e a dos outros. Sinta-se abençoado por fazer parte do grande teatro da vida.

NÃO RECLAME

Por maior que seja seu problema a vida tenta demonstrar que existem pessoas em situações piores que a sua. Verifica-se assim que grande parte de nosso sofrimento é psicológico imposto por um padrão de saúde e de bem-estar idealizados. Nós somos fracos, corruptíveis e ingênuos. Mas a maioria pensa que é um super-herói eterno.

VEJA COM OUTRO PONTO DE VISTA.

No momento de aflição, tente acalmar-se. Observe a situação por outro ponto de vista e então o que parece inicialmente uma coisa ruim certamente terá seus pontos positivos. Mentalmente, concentre-se e tente dar um novo rumo para sua vida.

UMA VERDADE

Estamos tão afogados em nossas preocupações que nem percebemos os pequenos dons, milagres e graças rotineiras que recebemos dos céus. Sinta-se feliz por isso. Com um pouco de esforço, será abençoado ainda mais porque meu pai deseja o melhor para ti.

PENSE NO OUTRO

Quando seu pensamento é elevado em preocupação com seu irmão o céu faz festa. Agindo com generosidade, nosso espírito fica leve e pronto para voos mais altos. Faça sempre este exercício.

ESQUEÇA OS PROBLEMAS

Exercite a criatividade, a leitura, a mentalização, a meditação, a caridade e a conversa para que os problemas não aflijam sua alma. Não descarregue a pesada carga que carregas nos outros que nada tem a ver com seus problemas pessoais. Faça seu dia mais livre e mais produtivo sendo simpático.

ENCARAR O NASCIMENTO E A MORTE COMO PROCESSOS.

Nascer e morrer são eventos naturais que devem ser encarados com serenidade. A preocupação maior é quando se está vivo de forma a transformar nossas atitudes em benefícios prioritariamente para os outros. A morte é apenas uma passagem que nos leva a uma existência superior com prêmios equivalentes aos nossos esforços.

A IMORTALIDADE

O homem torna-se eterno através de suas obras e valores. Será esta a herança que deixará para as gerações futuras. Se os frutos das árvores são maus então a alma não tem nenhuma valia para o criador sendo arrancada e jogada nas trevas exteriores.

TER UMA ATITUDE PROATIVA

Não fique parado. Busque o conhecimento de novas culturas e conhecer novas pessoas. Sua bagagem cultural será maior e consequentemente os resultados serão melhores. Seja também um sábio.

DEUS É ESPÍRITO

O amor não se vê, se sente. Assim também é com o Senhor, não podemos vê-lo, mas sentimos diariamente em nossos corações seu amor fraterno. Deem graças diariamente por tudo o que ele faz por vós.

UMA VISÃO SOBRE A FÉ

A fé é algo a ser construído em nosso dia a dia. Alimente-a com pensamentos positivos e atitudes firmes rumo ao seu objetivo. Cada passo é importante nesta possível longa jornada.

SIGAM MEUS MANDAMENTOS

O segredo do sucesso e da felicidade está no seguimento dos meus mandamentos. Não adianta declarar por palavras que me ama se não segues o que eu digo. Verdadeiramente os que me amam são os que cumprem minha lei e reciprocamente.

A FÉ MORTA

Toda fé sem obras é verdadeiramente morta. Há quem diga que o inferno está cheio de boas intenções e nisto reside uma grande verdade. Não adianta ter vontade e sim deves provar que me amas.

TER OUTRA VISÃO

Nem todo sofrimento ou derrota é completamente mau. Cada experiência negativa que passamos traz um aprendizado contínuo, forte e duradouro em nossas vidas. Aprenda a ver o lado positivo das coisas e será mais feliz.

Da fraqueza vem a força

O QUE FAZER NUMA SITUAÇÃO FINANCEIRA DELICADA.

O mundo é muito dinâmico. É comum termos fases de grande prosperidade contrapostas a períodos de grandes dificuldades financeiras. A maioria das pessoas quando está num momento bom esquece-se de continuar batalhando e da parte religiosa. Simplesmente elas se sentem autossuficientes. Este erro pode levá-las a um abismo tenebroso de onde será difícil escapar. Neste instante, o importante é analisar a situação com frieza, identificar as soluções e ir à luta com muita fé em Deus.

Com um suporte religioso, você será capaz de superar obstáculos e de encontrar caminhos de recuperação. Não se culpe demasiado pelo seu passado fracassado. O importante é seguir com uma nova mentalidade formada aliada a garra e fé que crescerão em seu coração à medida que entregares tua vida a meu pai. Acredite que ele será a única salvação para todos seus problemas.

Eis que foi dito ao homem que tudo lhe será concedido desde que ele sempre ande pela senda do bem. Portanto, esforce-se em cumprir os mandamentos das sagradas escrituras e as recomendações dos santos. Não seja orgulhoso a ponto de desprezá-los, pois pelo exemplo de vida eles foram capazes de reconhecer a Deus em meio aos escombros. Pense nisso e boa sorte.

ENFRENTANDO PROBLEMAS FAMILIARES

Desde que nascemos, somos integrados a primeira comunidade humana que é a família. Ela é a base de nossos valores e referência em nossos relacionamentos. Quem é um bom pai, esposo ou filho também será um ótimo cidadão cumpridor de seus deveres. Como todo e qualquer grupo, os desentendimentos são inevitáveis.

Eu não vos peço para evitar os atritos, isto é praticamente impossível. Eu vos peço que se respeitem, cooperem entre si e amem-se uns aos outros. A família que é unida nunca acabará e juntos podem conquistar grandes coisas.

Há também uma família espiritual consolidada no céu: O Reino de Javé, de Jesus e de Divinha. Este reino prega a justiça, a liberdade, a compreensão, a tolerância, a fraternidade, a amizade e primeiro o amor. Nesta dimensão espiritual não há dor, choro, sofrimento ou morte. Tudo ficou para trás e os fiéis escolhidos são revestidos de um novo corpo e uma nova essência. Assim como está escrito: "os justos brilharão como o sol no reino de seu pai".

SUPERANDO UMA DOENÇA OU ATÉ MESMO A MORTE.

A doença física é um processo natural que ocorre quando algo não anda bem com o nosso corpo. Se a doença não for grave e for superada, ela exerce o papel de purificante natural da alma consolidando a humildade e simplicidade. Ao sofrer com a doença é que nos deparamos com a nossa pequenez e, em simultâneo, nos inundamos com a grandeza de Deus que tudo pode.

Em caso de doença fatal, ela é o passaporte definitivo para outro plano e de acordo com a nossa conduta na terra somos alocados no plano específico. As possibilidades são: inferno, limbo, céu, cidade dos homens e purgatório. Cada um é destinado a um deles de acordo com sua linha evolutiva. Neste ponto, só temos exatamente o que merecemos, nem mais e nem menos.

Para quem fica na terra, resta a saudade dos entes familiares e a vida se segue. O mundo não para por ninguém, absolutamente ninguém é insubstituível. Porém, as boas obras permanecem e testemunham por nós. Tudo passará, menos o poder de Deus que é eterno.

ENCONTRANDO-SE CONSIGO MESMO.

Onde está minha felicidade? O que fazer para manter-se bem na terra? É o que muitos perguntam. Não há bem um segredo de comportamento, mas as pessoas vencedoras geralmente são aquelas que dedicam seu tempo para o bem do próximo e da humanidade. Servindo-se aos outros, elas sentem-se completas e são mais predispostas a amar, a relacionar-se e a vencer.

Educação, paciência, tolerância e temor a Deus são elementos-chave para construir uma personalidade rara e admirável. Agindo assim, o homem será capaz de encontrar a Deus e saber exatamente o que ele deseja para sua vida. Você pode até pensar que está no caminho certo, mas sem estas qualidades não passarão apenas de uma farsa. Só ama quem se entrega realmente e quem entende o lado do outro. Aprenda comigo que sou puro, consciente dos meus atos, temente a Deus, dedicado a meus projetos, compreensivo, caridoso e amoroso. Tornar-se-á especial para meu pai e o mundo será mantido. Lembre-se: por maior que seja o abismo ou a escuridão na sua vida, da fraqueza vem a força.

Sophia

JUSTIÇA

A justiça e a injustiça são limiares entre si, sendo de aspecto muito relativo. Vamos dividi-la em dois ramos: A do reino de Deus e a dos reinos humanos. Em relação a de Deus, a justiça está muito ligada a soberania de Javé que se demonstra através de seus mandamentos, num total de trinta conforme minha visão. É uma questão prática: ou você segue as normas do reino de Deus, ou não e para aqueles que se negam a enxergar a grandeza destas metas resta o lamento de uma alma ter se perdido. Entretanto, as almas rebeldes que conseguem reerguer-se em algum momento da vida podem crer firmemente na misericórdia de Javé, o seu pai santo. Deus pai é um ser de infinitas atribuições.

A justiça humana tem diretrizes próprias em cada nação. Os homens temporal esforçam-se para garantir a paz e o direito na terra embora nem sempre isso aconteça. Isto é devido à legislação desatualizada, corrupção, preconceito com os menores e a própria falha humana. Se você se sente injustiçado como eu já me senti entregue seu pleito a Deus. Ele compreenderá a dor e garantirá sua vitória na hora certa.

A injustiça em todos os aspectos é um mal da humanidade antiga e contemporânea. Tem que ser combatida de forma que o justo consiga ter o que é seu de direito. O que não pode ocorrer é tentar fazer justiça por si só. Lembre-se que não é Deus para julgar e condenar ninguém.

"Quando te invoco, responde-me, Deus de minha justiça". (SM 4,2)

O REFÚGIO NO MOMENTO CERTO.

Somos seres espirituais. Em algum momento de nossa existência no céu, somos escolhidos e encarnamos num corpo humano no momento da fecundação. O objetivo é cumprir a missão evoluindo junto a outros seres humanos. Alguns com missões maiores e outras com menores, mas todos com função da qual o planeta não pode abrir mão.

Nosso primeiro contato é dentro de uma família e é geralmente com essas pessoas que convivemos por mais tempo e durante toda vida. Mesmos os filhos casando-se o vínculo familiar não se extingue.

Com o contato social, temos acesso a outras visões diferentes das nossas. É exatamente aí que mora o perigo. Hoje em dia, temos uma geração de jovens maciça buscando o lado do mal. São adolescentes e adultos que não respeitam os pais, cultuam a droga e para consegui-la roubam e até matam. Até mesmo pessoas ditas confiáveis podem esconder um perigo ao tentarem nos influenciar a fazer o mal. Tem o outro lado também: bombardeados pela falsidade, violência, assédio moral, preconceito, mentira, deslealdade muitos desacreditam no gênero humano e fecham-se para novas amizades. É salutar ponderar que realmente é difícil encontrar pessoas confiáveis, mas se você é um destes afortunados mantenha-os do lado direito e esquerdo do seu peito para o resto da vida.

Exposto isto, ao cair em alguma desgraça, recorra a seus verdadeiros amigos ou familiares próximos e se mesmo assim não encontrares o apoio procure em Deus *o refúgio no momento certo*. Ele é o único que não o abandonará por mais que sua situação seja periclitante. Entregue sua dor e sua fé em dias melhores no Deus do impossível e não se arrependerá.

"Na angústia tu me confortaste. Tem piedade de mim e ouve minha oração". (Salmo 4,2)

A SEDUÇÃO DO MUNDO E O CAMINHO DE DEUS

O mundo é a grande seara onde filhos de Deus e do diabo trabalham em prol de suas causas. Como em qualquer mundo atrasado em termos de evolução, vivemos uma dualidade sangrenta que separa as pessoas em grupos que em conjunto formam a sociedade.

Embora digamos que a maioria das pessoas tem boas intenções, o que se vê é uma desespiritualização do bom senso. A maior parte prefere as coisas do mundo às coisas de Deus. As pessoas anseiam pelo poder, dinheiro, competem por prestígio, afundam nas festas desregradas, praticam a exclusão e fomentam a desregradas, praticam fofoca e caluniam o outro, preferem subir na escala de hierarquia fraudando, denunciando e passando por cima dos outros. Eu, como representante de Javé, não tenho a menor dúvida que estas pessoas não são de Deus.

São filhas do diabo, joio o qual será queimado sem dó nas larvas do abismo no ajuste de contas. Não é nenhum julgamento, é a realidade na relação planta-colheita.

    Se você tem valores e tem fé nas forças do bem eu vos convido a fazer parte do reino do pai. Renunciando ao mundo, vós finalmente enxergareis a grandeza e a bondade de nosso Deus. Um pai que te aceita como és e que te ama com amor maior do que sua compreensão alcança. Faça sua escolha. Aqui tudo é passageiro e ao nosso lado poderás experimentar o que quer dizer realmente a palavra *"Felicidade plena"*.

    "Ó! Homens, até quando tereis o coração endurecido, amareis a vaidade e buscareis a mentira? (Salmo 4,3).

CONHECER A JAVÉ

    Javé é o ser mais maravilhoso que existe. Por experiência própria, conheci a face deste pai carinhoso que quer sempre o nosso bem. Então não lhe dar uma oportunidade? Entregue suas cruzes e esperanças nele para que mão forte possa transformar vossa vida. Garanto que não serás mais o mesmo. Espero sinceramente que reflita estas poucas palavras e decida definitiva em sua vida. Estarei esperando torcendo por você. Boa sorte. Eu te amo, irmãos!

O justo e a relação com Javé

A RELAÇÃO COM JAVÉ

    Agradeça sempre ao seu pai espiritual por todas as graças concedidas ao longo de sua vida. Sentir-se grato e feliz por Javé ter lhe dado a vida é obrigação. O seu nome é santo e coberto de glória em todas as partes do mundo. Em caso de aflição ou necessidade recorra a ele e certamente ele abrirá seus caminhos mostrando uma solução definitiva para seu problema.

Por falar em problemas, muitos deles tem como a causa a ação dos seus inimigos. Recorra com confiança a meu pai e todos que lhe quiserem o mal tropeçarão. Saiba que Deus pai sempre estará ao seu lado, basta só ter mais confiança nele. O justo é sempre amparado pelo pai. Entretanto, é importante que você tente uma aproximação com seus desafetos. Faça do seu inimigo um ardoroso e fiel amigo ou pelo menos tenha uma relação amigável. Uma intriga mantém a alma na escuridão, longe da ação divina e nem adianta reclamar da ausência, vós mesmo o afastaste com seu rancor e desprezo em relação ao próximo. Pense bem nisso.

Sim, Deus o amará e corresponderá as suas expectativas na medida do bem que fizeste ao outro. Tenha a certeza que se entregares completamente ele mandará os seus batalharem por ti em todas as guerras internas e externas que ocorram. Ele será capaz de abrir o mar ou de destruir nações pelo seu bem, pois com fé a ele vós recorrestes.

Ele faz assim para que cantes sua glória e no desencarne sua alma junte-se às almas escolhidas para reinarem com Jesus. O reino de Deus está sendo construído pouco a pouco e a maior parte dos seus integrantes são os pobres e humildes de coração. Nesta dimensão espiritual só existe: paz, felicidade, fé, igualdade, cooperação, fraternidade e amor sem limites entre os seus membros. Já aqueles que se propõem a seguir o caminho das trevas, seu destino será infelizmente o lago de fogo e enxofre, onde serão atormentados dia e noite por conta da gravidade dos seus pecados.

Isto se chama justiça divina. A justiça dá o que cada um merece por direito e ele o faz em honra dos oprimidos, das minorias, dos pobres sofredores, de todos os pequenos do mundo que sofrem nas mãos da elite conservadora. Além da justiça, encontra-se a misericórdia divina, insondável e impenetrável a qualquer mente. Por isto ele é Deus, alguém que estará sempre de braços abertos para receber seus filhos.

O QUE DEVES FAZER

Encontrei o pai divino no momento mais difícil da minha vida, num instante em que eu estava morto e esgotaram-se minhas esperanças. Ele me ensinou seus valores e reabilitou-me completamente. Ele pode fazer o mesmo com vós. Basta que aceites a ação do seu nome glorioso em sua vida.

Sigo alguns valores básicos: Amor em primeiro lugar, compreensão, respeito, equivalência, cooperação, tolerância, solidariedade, humildade, desprendimento, liberdade e dedicação à missão. Procure importar-se com sua própria vida e não calunie o outro, pois Javé julga os corações. Se alguém te magoar, não revide, dê a outra face e supere seu rancor. Todo mundo erra e merece outra oportunidade.

Procure ocupar sua mente com trabalho e atividades de lazer. O ócio é um inimigo perigoso que pode levá-lo a ruína definitiva. Sempre há algo para fazer.

Busque também fortalecer sua parte espiritual, frequente sua igreja com frequência e obtenha conselhos com seu guia espiritual. Sempre é bom ter uma segunda opinião quando nos encontramos em dúvida sobre alguma decisão a ser tomada. Seja prudente e aprenda com seus erros e acertos.

Primeiro, seja você mesmo em todas as situações. Ninguém engana a Deus. Aja na simplicidade e seja sempre fiel que Deus lhe confiará cargos ainda maiores. Sua grandeza no céu será quantificada em sua servidão, os menores da terra serão agraciados com locais especiais, próximos da luz maior.

EU VOS ENTREGO TODA ESPERANÇA.

Senhor Javé, vós que dia e noite observam meus esforços eu vos peço a orientação, a proteção e a coragem para prosseguir carregando minhas cruzes. Abençoa minhas palavras e ações para que sejam sempre boas, beatifica meu corpo, minha alma e minha mente. Que meus sonhos se realizem por mais difíceis que sejam! Não permitais que me desvie nem para direita e nem para a esquerda. Ao morrer, dê-me a graça do convívio com os eleitos. Amém.

Amizade

Verdadeiro amigo é aquele que está com você nos momentos ruins. É quem te defende com sua própria alma e vida. Não se engane. Nos tempos de bonança, você sempre estará cercado de pessoas com os mais variados interesses. Mas, no tempo das trevas, apenas os verdadeiros permanecem. Em sua maioria, seus familiares. Aqueles que implicam tanto e querem seu bem são seus verdadeiros amigos. As outras pessoas sempre se aproximam devido a vantagens.

"Só comerá pão de mel comigo se comer capim comigo". Essa verdadeira frase resume a quem devemos dar o verdadeiro valor. A riqueza passageira atrai muitos interesses e as pessoas se transformam. Saiba refletir sobre as coisas. Quem estava com você na pobreza? São essas pessoas que realmente merecem seu voto de confiança. Não se deixe enganar pelas falsas paixões que machucam. Analise a situação. Será que aquele alguém teria o mesmo sentimento por você se fosse um pobre mendigo? Medite sobre isso e achará sua resposta.

Aquele que te nega em público não é digno do seu amor. Quem tem medo da sociedade não está preparado para ser feliz. Muitas pessoas com medo de serem rejeitados devido a sua orientação sexual, rejeitam seus parceiros em público. Isso causa, transtornos psicológicos graves e dores emocionais persistentes. Está na hora de repensar suas escolhas. Quem verdadeiramente ama você? Com certeza essa pessoa que rejeitou você em público não está entre elas. Tome coragem e mude a trajetória da sua vida. Deixe o passado para trás, faça um bom planejamento e siga. No momento que você deixar de sofrer pelo outro e tomar as rédeas de sua vida, seu caminho ficará mais leve e mais fácil. Não tenha medo e tome uma atitude radical. Somente isso pode libertar você.

O perdão

O perdão é extremamente necessário para alcançarmos a paz de espírito. Mas o que significa perdoar? Perdoar não é esquecer. Perdoar é finalizar uma situação que lhe trouxe tristeza. É impossível apagar as lembranças do que aconteceu. Isso você levará com você pelo resto de sua vida. Mas se você ficar preso ao passado, nunca viverá o presente e não será feliz. Não permita que os outros tirem sua paz. Perdoe para poder seguir e viver novas experiências. O perdão vai te libertar finalmente e você estará pronto para ter uma nova visão de vida. Aquele homem que te fez sofrer não pode destruir sua vida. Pense que existem outros homens bons capazes de lhe proporcionar bons momentos. Tenha uma atitude positiva. Tudo pode melhorar quando você acredita nisso. Nossas vibrações positivas afetam nossa vida de tal forma que podemos triunfar. Não tenha atitudes negativas ou mesquinhas. Isso pode te levar a resultados destrutivos. Livre-se de todo mal que percorre sua alma e filtre só o bem. Fique apenas com aquilo que te acrescenta coisas boas. Acredite: Sua vida se tornará melhor depois dessa atitude.

Converse com seu desafeto francamente. Deixe claro suas expectativas. Explique que perdoou, mas que não dará uma segunda oportunidade. Reviver um passado amoroso pode ser altamente destrutivo para ambos. A melhor escolha é tomar uma nova direção e tentar ser feliz. Todos merecemos a felicidade, mas nem todos acreditam nele. Saiba esperar o tempo de Deus. Seja grato pelas coisas boas que você tem. Continue buscando seus sonhos e sua felicidade. Tudo acontece na hora certa. Os planos do criador para somos perfeitos e nem sabemos compreender. Entregue sua vida completamente aos desígnios de Deus e tudo dará certo. Abrace sua missão com alegria e terá prazer de viver. O sentimento de perdão vai transformar sua vida duma maneira que nunca pensou e aquele acontecimento ruim apenas será um obstáculo ultrapassado. Quem não aprende no amor, aprende na dor. Este é um ditado aplicável a essa situação.

Encontrando seu caminho

Cada pessoa tem uma trajetória particular e única. Não adianta seguir parâmetro nenhum. O que é importante é pesquisar as possibilidades. Ter informações suficientes é primordial para se decidir a vida profissional ou amorosa. Acredito que o fator financeiro deve ser considerado, mas não deve ser essencial em sua decisão. Muitas vezes o que nos faz feliz não é o dinheiro. São as situações e sensações de uma determinada área. Descubra seu dom, reflita sobre seu futuro e tome uma decisão. Seja feliz com suas escolhas. Muitas delas são definitivas transformando nosso destino. Portanto, reflita bem antes das escolhas.

Quando fazemos a escolha certa, tudo na nossa vida flui perfeitamente. As escolhas certas nos levam a resultados concretos e duradouros. Mas se você errar em sua decisão, mude seus planos e tente acertar da próxima vez. Você não recuperará o tempo perdido, mas a vida te deu uma nova oportunidade de sucesso. Temos direito a todas as oportunidades que a vida nos dá. Temos direito de tentar quantas vezes precisarmos. Quem nunca errou na vida? Mas respeite sempre os sentimentos dos outros. Respeite as decisões dos outros. Aceite seu fracasso. Isso não vai diminuir sua capacidade. Abrace o seu novo recomeço e não peque outra vez. Lembra do que Jesus dizia? Podemos até perdoar, mas você tem que tomar vergonha e mudar de atitude. Só assim estará preparado para ser feliz novamente. Acredite em suas qualidades. Tenha bons valores éticos e não se humilhe para ninguém. Faça uma nova história.

Como conviver no trabalho

O trabalho é nossa segunda casa, a extensão de nossa felicidade. Deve ser um local de harmonia, amizade e cumplicidade. Entretanto, nem sempre isso é possível. Por que isso acontece? Por que não sou feliz no trabalho? Por que sou perseguido? Por que trabalho tanto e ainda sou pobre? Essas e muitas outras questões podem ser discutidas aqui.

O trabalho nem sempre é harmônico porque convivemos com pessoas diferentes. Cada pessoa é um mundo, tem seus próprios problemas e isso afeta todos ao redor. É aí que acontecem as brigas e os desentendimentos. Isso causa, dor, frustração e revolta. Você sempre sonha com um local de trabalho perfeito, mas quando vem a decepção isso te traz desconforto. Em consequência, ficamos infelizes. Muitas vezes, seu trabalho é seu único ponto de apoio financeiro. Não temos opção de pedir demissão mesmo muitas vezes desejando isso. Você se anula e se revolta. Mas permanece no emprego por necessidade.

Por que somos perseguidos por chefe e companheiros de trabalho? São muitos motivos: inveja, preconceito, autoritarismo, desamor. Isso nos marca para sempre. Isso gera um sentimento de inferioridade e desilusão. É terrível ter que manter a paz quando você quer gritar para o mundo que está certo. Você faz um trabalho perfeito e não é reconhecido. Você não recebe elogios, mas teu chefe faz questão de te criticar. Você acerta mil vezes, mas se errar uma vez você é chamado de incompetente. Apesar de saber que o problema não está em você, isso gera traumas consistentes em sua mente. Você se torna um objeto do trabalho.

      Por que trabalho tanto e sou pobre? Isso cabe uma reflexão. Vivemos no capitalismo, um sistema econômico selvagem em que os pobres são explorados para gerar riqueza para os ricos. Isso acontece em todos os setores da economia. Mas ser empregado pode ser uma opção. Podemos empreender em quase todos os setores com pouco dinheiro. Podemos criar nosso negócio e sermos patrões de nós mesmos. Isso nos traz uma auto confiança incrível. Mas nada pode ser feito sem planejamento. Temos que avaliar o lado positivo e negativo para podermos decidir qual é o melhor caminho. Precisamos ter sempre um segundo plano, mas primeiro precisamos ser felizes. Precisamos ser proativos e nos tornar protagonistas de nossa história. Precisamos achar o "ponto de encontro" de nossas necessidades. Lembre-se que você é o único que sabe o que é melhor para você.

Convivendo com pessoas de temperamento difícil no trabalho.

      Muitas vezes você encontra no trabalho seu pior inimigo. Aquela pessoa chata, que te persegue e inventa coisas para te prejudicar. Outros, não gostam de você sem nenhum motivo aparente. Isso é tão doloroso. Ter que conviver com inimigos é algo terrível. É necessário muito controle e ânimo. Precisamos reforçar o lado psicológico para poder superar todos esses obstáculos. Mas também existe outra opção. Você pode trocar de trabalho, pedir transferência ou criar um negócio próprio. Mudar de ambiente às vezes ajuda muito a situação em que você se encontra.

Como lidar com as ofensas? Como reagir diante de ataques verbais? Penso que não é bom ficar calado. Isso dá uma falsa impressão de que você é um tolo. Reaja. Não permita que ninguém faça mal a você. É preciso separar as coisas. Uma coisa é seu chefe cobrar resultados de seu trabalho e outra coisa bem diferente é te perseguir. Não permita que ninguém sufoque sua liberdade. Seja autônomo em suas decisões.

Preparando-se para ter uma renda autônoma do trabalho.

Para podermos deixar o trabalho e sermos independentes, precisamos analisar o mercado. Invista seu potencial naquilo que você mais gosta de fazer. É muito bom trabalhar no que gosta. É preciso aliar felicidade com rendimentos financeiros. Trabalhe e faça uma boa reserva financeira. Depois, invista com planejamento. Calcule todos seus passos e etapas. Faça pesquisas e consultas com especialistas. Fique confiante do que você quer. Com um caminho a seguir, tudo ficará mais fácil para você.

Se sua primeira opção não der certo, reavalie seu caminho e persista em seus objetivos. Acredite no seu potencial e talento. Coragem, determinação, ousadia, fé e persistência são os elementos essenciais do sucesso. Coloque Deus em primeiro lugar e todas as outras coisas serão acrescentadas. Tenha fé em si mesmo e seja feliz.

Analisando opções de especialização nos estudos.

Estudar é essencial para o mercado de trabalho e para a vida em geral. O conhecimento agrega e nos transforma. Ler um livro, fazer um curso, ter uma profissão e ter uma visão ampla das coisas nos ajuda a crescer. O conhecimento é o nosso poder contra os ataques da ignorância. Ele nos leva a um caminho mais claro e preciso. Portanto, especialize-se em sua profissão e seja um profissional competente. Seja original e crie tendências de consumo. Liberte-se do pessimismo, arrisque-se mais e persista. Acredite sempre nos seus sonhos, pois eles são sua bússola no vale da escuridão. Tudo podemos naquele que nos fortalece.

Pesquise sobre sua área de atuação. Crie mecanismos de aprendizagem. Reinvente-se. Tornar-se aquilo que você sempre sonhou pode ser possível. Basta um plano de ação, planejamento e força de vontade. Crie seu próprio sucesso e será feliz. Muito sucesso para vocês.

Como conviver em família

O que é família

Família são as pessoas que moram com você, sejam parentes ou não. É o primeiro núcleo familiar do qual você faz parte. Geralmente, esse grupo é composto de pai, mãe e filhos.

Ter uma família é de fundamental importância para o desenvolvimento humano. Aprendemos e ensinamos nesse pequeno núcleo familiar. Família é nossa base. Sem ela, nada somos. Por isso esse sentimento de pertencimento a algo preenche a alma do ser humano.

Entretanto, quando convivemos com pessoas invejosas ou maldosas, isso pode prejudicar nossa evolução pessoal. Neste caso, aplica-se o seguinte ditado: "Melhor só do que mal acompanhado". O homem também precisa crescer, conquistar seus próprios espaços e formar sua própria família. Isso faz parte da lei natural da vida.

Como respeitar e ser respeitado.

A maior regra de convivência numa família deve ser o respeito. Embora possam morar juntos, isso não dá direito ao outro de intrometer-se em sua vida. Reafirme essa posição. Tenha seu trabalho, seu quarto, suas coisas pessoas separadamente. Cada um em família deve ter sua própria personalidade, ações e desejos respeitados.

Morar junto ou sair de casa e ter mais privacidade? Muitos jovens fazem essa pergunta para si mesmos frequentemente. Pela minha experiência pessoal, só vale a pena sair de casa se você tiver algum apoio fora de casa. Acredite, a solidão pode ser o pior dos seus inimigos e maltratá-lo muito.

Morei fora quatro meses com a desculpa de que ficaria mais próximo do trabalho. Mas, na verdade, eu estava tentando encontrar um amor. Pensei que morar na cidade grande iria facilitar a minha busca. Mas não foi isso que aconteceu. As pessoas se tornaram complicadas no mundo moderno. Atualmente, o que impera é o materialismo, o egoísmo e a maldade.

Eu morava num apartamento. Eu tinha minha privacidade, mas eu me sentia totalmente infeliz. Nunca fui um jovem de festas, orgia ou bebedeira. Morar sozinho não me atraia tanto assim. No final, percebi que minhas responsabilidades aumentaram ao invés de diminuir. Então decidi voltar para casa. Não foi uma decisão fácil. Eu sabia que ali se encerrava minhas esperanças de encontrar alguém. Sou do grupo LGBT. É impensável eu receber um namorado em casa, pois minha família é totalmente tradicional. Eles nunca me aceitariam como eu sou.

Voltei para casa com o pensamento de me concentrar no trabalho. Com trinta e seis anos, nunca arranjara um parceiro. Acumulava quinhentas rejeições e isso aumentava a cada dia. Aí me perguntei: Porque essa necessidade de encontrar a felicidade no outro? Por que eu não posso realizar meus sonhos sozinho? Bastava eu ter um bom suporte financeiro e eu poderia curtir melhor a vida. Esse pensamento de ser feliz ao lado de alguém é quase ultrapassado atualmente. Raras vezes isso acontece. Portanto, segui minha vida com meus projetos. Sou escritor e cineasta.

A dependência financeira

Saber lidar com a questão financeira é primordial atualmente. Apesar de morar em família, cada um deve ter seu sustento. Muitas vezes tive que ajudar minha família porque sou o único que tenho emprego estável. Mas a situação ficou muito difícil quando eles só esperavam por mim. Por isso também saí de casa. Eles tinham que despertar para realidade. Ajudar é bom quando você tem sobrando. Mas não é justo eu estar trabalhando e outras pessoas aproveitarem mais do meu dinheiro do que eu mesmo.

Esse exemplo mostra o quanto é importante a consciência. Temos que separar as coisas. Cada qual deve procurar trabalhar. Todos têm capacidade de sobreviver. Precisamos ser protagonistas de nossa própria história e não depender dos outros. Existem situações doentias no mundo atual. Homens e mulheres aproveitadoras. Isso não é amor. É apenas interesse financeiro. Ficar iludido com amor só trará sofrimento.

Entendo que não seja fácil lidar com algumas situações. Mas devemos ser racionais. O filho casou. Deixe-o tomar conta de sua própria vida. Netos para cuidar? De maneira nenhuma. Isso é responsabilidade dos pais. Você que já está na terceira idade deve aproveitar a vida viajando e fazendo atividades prazerosas. Você já cumpriu seu papel. Não queira tomar conta da responsabilidade dos outros. Isso pode ser muito prejudicial para você. Faça uma reflexão interior e veja o que é melhor para você.

A importância do exemplo

Quando falamos em crianças, falamos do futuro do país. Então é de suma importância eles terem uma boa base familiar. Geralmente, eles são o reflexo do meio em que vivem. Se temos uma família estrutura e feliz, a tendência é que os jovens sigam esse exemplo. Por isso é verdadeiro o ditado: "Quem é bom filho, é bom pai". Entretanto, isso não é uma regra geral.

Muitas vezes, temos jovens rebeldes. Mesmo eles tendem pais maravilhosos, eles se inclinam para o mal. Nesse caso, não se sinta culpado. Você fez sua parte. Todo ser humano tem seu livre arbítrio. Se a criança escolheu o mal, ela é que vai arcar com as consequências. Isso é natural numa sociedade. Existe o bem e o mal. Isso é uma decisão pessoal.

Escolhi o bem e hoje sou uma pessoa totalmente feliz, honesta e íntegra. Sou um exemplo de persistência e esperança rumo aos meus sonhos. Creio nos valores da honestidade e do trabalho. Ensine isso aos seus filhos. Semeie o bem e colhera o bem. Somos fruto de nossos esforços, nem mais, nem menos. Cada um tem aquilo que merece.

Fim

www.ingramcontent.com/pod-product-compliance
Lightning Source LLC
LaVergne TN
LVHW040200080526
838202LV00042B/3255